AF562059

JEAN D'ORLÉANS
DUC DE GUISE

LES LÉGIONS de l'Espérance et de l'Athénée A TURIN

1799-1801

PARIS
LIBRAIRIE & IMPRIMERIE MILITAIRES
EDMOND DUBOIS
Rue des Grands-Augustins, 18

1902

JEAN D'ORLÉANS
DUC DE GUISE

LES LÉGIONS

de l'Espérance et de l'Athénée

A TURIN

1799-1801

PARIS
LIBRAIRIE & IMPRIMERIE MILITAIRES
EDMOND DUBOIS
Rue des Grands-Augustins, 18

1902

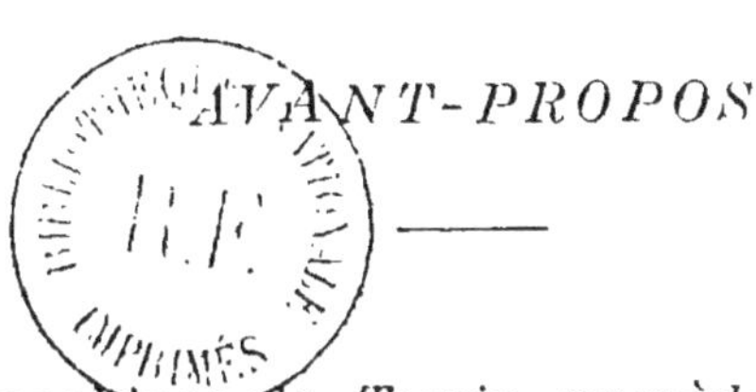

AVANT-PROPOS

Les archives de Turin possèdent de rares documents concernant les légions de l'Espérance et de l'Athénée — sortes de bataillons scolaires — ; nous les reproduisons ici textuellement.

Ces deux légions, dont la création fut déterminée en 1799 et en 1801, furent à peine organisées.

Une histoire locale qui mentionne la légion de l'Espérance fixe sa formation à la date anticipée du 19 pluviôse an VII (7 février 1799). Cette légion inspira à Angelo Pennoncelli les vers suivants :

Noi de Sparta, Atene e Roma
Emulian la gioventù,
Cui d'allori ornò la chioma
La Milizia e la virtù.

LES LÉGIONS
DE L'ESPÉRANCE ET DE L'ATHÉNÉE

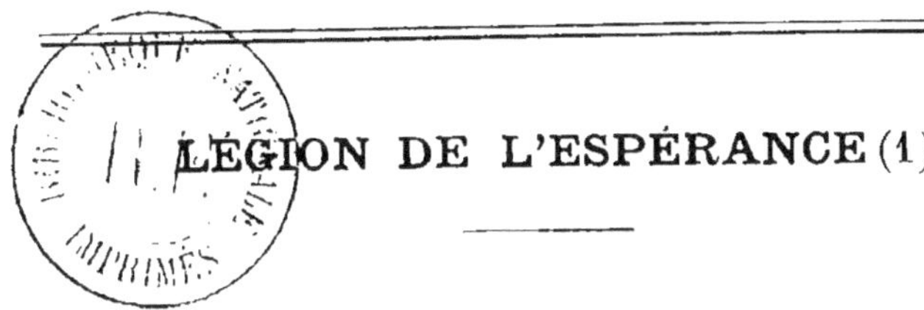

LÉGION DE L'ESPÉRANCE (1)

I.

LIBERTA' VIRTU' EGUAGLIANZA

La Municipalità di Torino.

La municipalità per rendere omaggio alla virtù dei Padri, ed all'energia dei figli, che fin nella lor più tenera età mostrano un cuor forte, ed un genio precoce nelle armi.

Considerando, che un'educazione robusta, e fon-

(1) Un bataillon de l'Espérance de la Patrie avait été formé à Brescia, en Lombardie, le 10 juin 1797. Consultez à ce sujet le « *Giornale Democratico* » du 14 juin 1797, N° 15, p. 57 et le « *Nuovo Giornale Democratico* » du 9 août 1797, N° 5, p. 39. On peut aussi trouver en France de curieux renseignements sur le bataillon de l'Espérance de Thonon, en 1794, dans l'ouvrage de M. l'abbé L.-E. Piccard : *Thonon, Évian-les-Bains et le Chablais moderne depuis la Révolution jusqu'à nos jours.* Annemasse, 1889, pp. 71, 91, 99, 101, 105, 106, 131, 132.

data sui principi d'onore, e di gloria deve necessariamente produrre difensori invincibli, e radicare nelle anime vivaci, e non ancor corrotte dell' adolescenza le idee pure, e sublimi dell' amor della Patria, da cui derivano nelle Repubbliche la grandezza d'animo, il coragio, e la forza dei Cittadini, notifica.

Saranno formati nella Comune di Torino battaglioni di giovanetti dell' età da otto a quindici anni sotto il nome di battaglioni della Speranza; il numero ne sarà determinato dalla forza totale della coscrizione volontaria, ed avrà il nome di Legione.

Di questa formazione sarà incaricato un Capo di battaglione della Guardia Nazionale (1) nelle forme stabilite per i battaglioni Nazionali con quello variazioni, che si crederanno opportune, il quale di concerto colla Municipalità destinerà per assistere alle votazioni, ed assemblee Officiali della stessa Guardia Nazionale sino alla totale organizzazione dei battaglioni.

---

(1) Dès le 15 décembre 1798, le gouvernement provisoire s'occupa d'organiser la garde nationale du Piémont d'abord en compagnies et en bataillons, réunis en février 1799 en demi-brigades. Les Austro-Russes, en occupant le Piémont, transformèrent la garde nationale en corps royal de milice volontaire. En juillet 1800, la garde nationale fut de nouveau réorganisée en demi-brigades à la française.

I gradi dureranno sei mesi.

Saranno applicati ai battaglioni della Speranza degli istruttori scielti fra i Militari dell' Armata, che una non interrotta buona condotta ha resi più rispettabili, e che sieno dotati di prudenza, e buona educazione per insegnare a' giovani coscritti il maneggio delle armi.

Verrano questi nominati dalla Municipalità sulla proposizione del Comandante in capo la Guardia Nazionale.

Verrà dalla Municipalità a tal ogetto destinato un luogo adattato, in cui dovranno recarsi regolarmente i coscritti nei giorni, che saranno determinati, nel che si avrà riguardo di non nuocere all' educazione domestica, e civile degli individui.

Quelli, che no potessero assistere per circostanze particolari ai suddetti esercizj, non saranno ammessi.

Al Capo di battaglione incaricato dell' organizzazione sarà pure confidata la direzione di quanto sopra.

Nissuno potrà esser coscritto nei battagglioni della Speranza, se non è fornito d'uniforme; questo sarà conforme al modello, o figurino, che si riterrà nella sala destinata per le coscrizioni : si procurerà pure ciascheduno un fucile, ed una sciabla secondo il modello, che pure ne verrà dato come sovra.

Il sito destinato per le coscrizioni è il Corpo di Guardia esistente nella corte della Casa Municipale.

Si ricercherà nelle coscrizioni l'assenso dei parenti, o precettori dei coscrivendi.

I battaglioni della Speranza assisteranno a tutte le feste pubbliche militari, ed avranno un rango distinto fra le altre Truppe, che vi saranno chiamate.

La Municipalità non cesserà di attentamente vegliare con quei mezzi, che si crederanno necessarj sull'istruzione, ed educazione di questo Corpo, che certamente a ragione della tenera età di quelli, che lo compongono, esige particolari riguardi.

Dalla Casa Municipale gli 8 Ventoso anno 7 Repubblic, primo della Libertà Piemontese (26 Febbrajo 1799 v. s.).

BONVICINO, *Presid.* GIOBERT, *Segretaro* (1).

(1) Extrait de : *Raccolta delle leggi...*, Torino, 1798-1799, p. in-4°, t. I, pp. 276, 277.

II.

LIBERTA' VIRTU' EGUAGLIANZA

La Municipalità di Torino.

Mentre si sta formando il Piano d'organizzazione della Legione della Speranza, che verrà quanto prima pubblicato.

Notifica.

Primo. Che ha la medesima incaricato il Cittadino Guiseppe Ferreri Capo del Battaglione V. della Guardia Nazionale della formazione della Legione suddetta.

Secondo. Che l'uniforme è in tutto simile a quello della Guardia Nazionale (1), colla sola diver-

---

(1) L'uniforme de la garde nationale du Piémont, décrété le 9 février 1799, était le suivant : 1° Abito bleu nazionale con fodera rossa, paramani, e colletto rosso, profilo bianco, rovescj bianchi, profilo rosso : gillé bianco, pantaloni bleu, bottoni gialli, e mezzi gialli, e mezzi stivali, cappello alla Francese con pennachio rosso : 2° I distintivi de' gradi saranno gli stessi di quelli dell' Infanteria Francese di linea.

sità, che sui bottoni sarà scritto : *Legione della speranza*. Il cappello sarà parimenti montato alla Francese con pennacchio verde, e la bandoliera, e *baudrier* in bianco.

Terzo. La Municipalità si lusinga, ohe i genitori, e chiunque è incaricato dell' educazione dei giovani allievi si faranno una lodevole premura di presentare alla coscrizione della Legione della Speranza i loro figli, od allievi per formarli col tempo bravi difensori della Patria, all' istruzione de' quali sono per ora destinati i chiostri del Convento di S. Francesco di Paola, dove saranno esercitati alla presenza dei rispettivi padri, e precettori, ove lo bramino, nell' esercizio, ed evoluzioni militari alla tenera loro età convenienti.

Torino dalla Casa Municipale li 25. Ventose anno 7. Repubblic. 1. della Libertà Piemont. (15 Marzo 1799. v. s.).

RIVA, *Presid.* GIOBERT, *Segretaro* (1).

---

(1) Extrait de : *Raccolta delle leggi*..., Torino, 1799, p. in-4°, t. II, pp. 24, 25.

LÉGION DE L'ATHÉNÉE

I

Lettera del Generale Jourdan, Ministro straordinario della Repubblica Francese in Piemonte in data delli 28 nevoso anno 9. (1).

Alla Commissione esecutiva.

Les Professeurs et les Etudiants de l'Université, qui comme vous le savez, Citoyens Gouvernans, sont les premiers qui ont offert leur service pour la défence de la Patrie lorsqu'elle était menacée par des séditieux, se sont présentés ce matin chez moi pour me témoigner le désir d'être organisés en Légion, afin d'être prêts à marcher lorsque les circonstances l'exigeraient; ils m'ont en même

---

(1) 18 janvier 1801.

tems proposé de placer cette Légion immédiatement sous mes ordres.

Je suis vivement touché du dévouement de ces Citoyens, l'espérance de la Nation, et je suis très sensible à la confiance qu'ils veulent bien avoir en moi ; mais, envoyé près de vous par le Gouvernement Français, je ne puis accepter le commandement permanent d'un corps particulier. Cependant, si, comme je vous le propose, vous autorisez les Etudiants de l'Université à s'organiser en légion, sous l'inspection de leurs Professeurs, je prend l'engagement de combattre à leur tête dans le cas où cela deviendrait nécessaire pour réprimer les séditieux, et faire respecter les Loix, et le Gouvernement.

Salut et considération.

JOURDAN (1).

---

(1) Extrait des *Archives de l'Université de Turin.*

II.

Lettera di riposta della Commissione Esecutiva del Piemonte al Generale Jourdan, Ministro Straordinario della Republica Francese in Piemonte de 29 nevoso anno 9 repubblicano (1).

La Commission exécutive en applaudissant aux élans patriotiques des Élèves de l'Université Nationale, a vu, Citoyen Ministre, avec une satisfaction particulière l'accueil favorable, que vous leur avez fait. Le Guerrier, qui dès l'aurore de la Révolution Française à costamment marché dans les premiers rangs des Républicains purs et énergiques, est fait pour inspirer, ou réveiller l'enthousiasme de la véritable liberté par-tout, où il se trouvera. Parmi les bienfaits les plus signalés, que cette intéressante contrée doit au Premier Consul, elle comptera toujours celui d'avoir choisi pour organe

---

(1) 19 janvier 1801.

de ses dispositions bienfaisantes auprès de la Nation Piémontaise, l'homme le plus propre à concilier ses intérêts avec ceux de la grande Nation, et à y faire également chérir et respecter le nom française.

La Commission Exécutive va prendre les mesures convenables pour utiliser le zèle des Etudians, et vous rendra compte incessamment de ce qu'elle aura déterminé à ce sujet.

Salut et considération.

Signé : Charles Bossi, *Président.*
Marochetti, *Secrétaire général* (1).

(1) Extrait de : *La Gazzetta del Piemonte*, N° 16, Eridania, 1 piovoso, anno 9°. (21 Gennaio 1801.)

III.

La Commissione Esecutiva del Piemonte.

Volendo attirare lo zelo dei Professori ed Alievi dell' Universita degli studj che si sono offerti di armarsi a difesa della Libertà contro i sediziosi e ribelli, e volendo loro dare una giusta e onorevolo testimonianza della sensible soddisfazione, con cui ha il Governo accettata un' offerta cosi lodevole e generosa; sentito il Consiglio di Governo, ed avuta l'approvazione del Generale Jourdan, Ministro straordinario della Repubblica Francese in Piemonte ; decreta :

1° Sarà organizzata una Legione composta dei Professori e di Studenti nell' Università degli studj, che porterà il nome di *Legione dell' Ateneo*.

2° Il Comandante di questa Legione sarà nominato dal Generale Comandante superiore in Piemonte.

3° Sara la medesima divisa in Centurie e Decurie.

4° Ogni Centuria sara comandata da un Centurione da eleggersi dal Governo fra li Professori dell' Università medesima.

5° Ogni Decuria sarà comandata da un Decurione da nominarsi dagli individui che la compongono.

6° L'applicazione dei Legionarj a determinate Centurie e Decurie seguirà col mezzo della sorte.

7° La Legione non sarà messa in activitå, ne prenderà le armi, fuorche nelle circostanze più gravi, e nelle occasioni, in cui la Libertà e la pubblica sicurezza venissero minacciate.

8° Il Reggente la Segr. di Guerra è incaricato ec.

Torino dal palazzo della Commissione Esecutiva li 30 nevoso anno 9 Rep. (20 gennajo 1801 v. s.)

Approuvé par le Ministre extraordinaire du Gouvernement Français en Piémont,

JOURDAN.

Carlo BOSSI, *Prés.* MAROCHETTI, *Segr. Gen.* (1).

(1) Cette pièce, dont l'original est conservé aux archives piémontaises (section IV.), est reproduite dans la : *Gazetta Torinese*, n° 4, 24 janvier 1801, p. 32, et dans la *Raccolta delle leggi*, Torino, 1801, p. in-4°, t. III, p. 65.

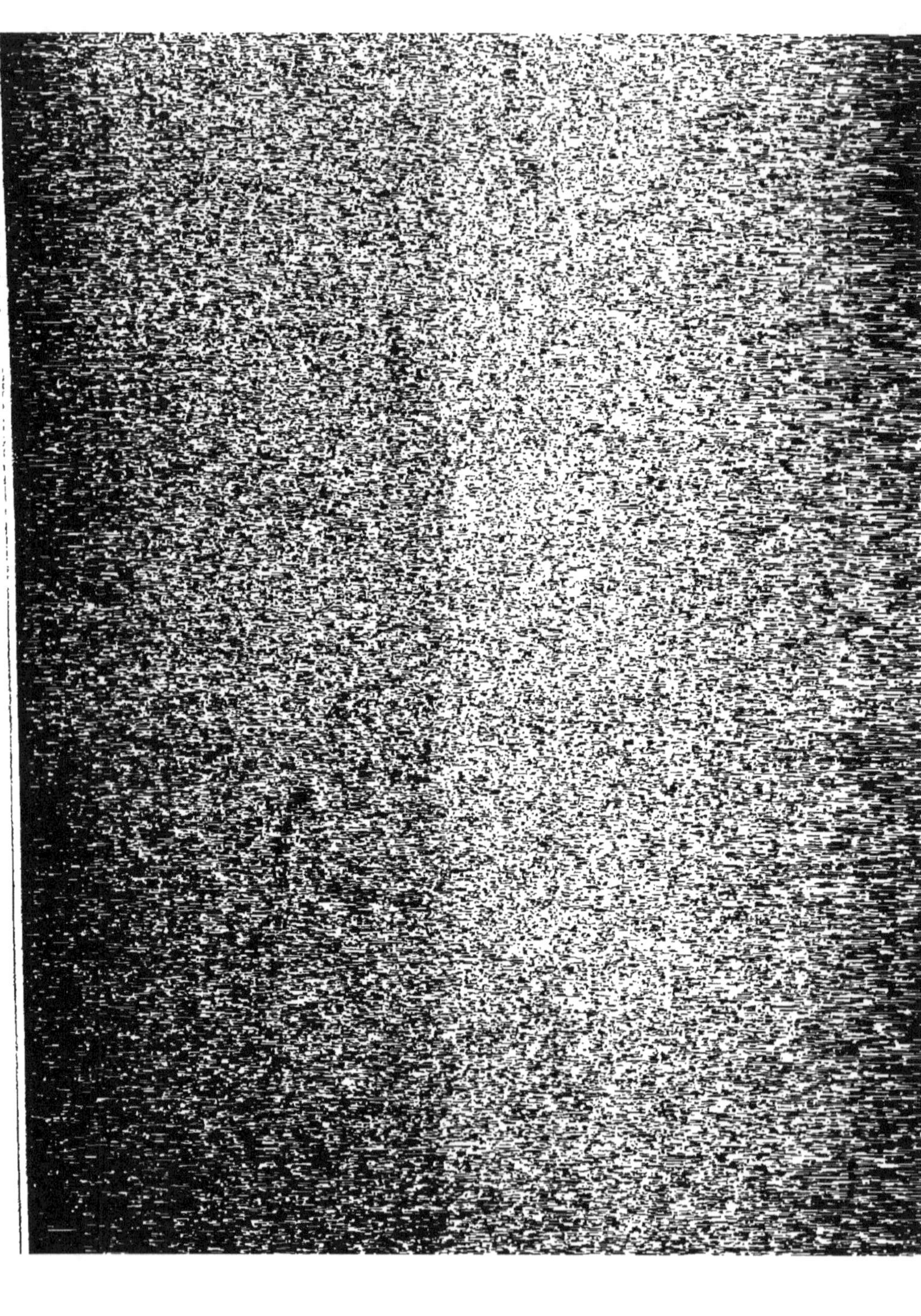

www.ingramcontent.com/pod-product-compliance
Lightning Source LLC
LaVergne TN
LVHW010406240826
846091LV00020B/2768